Der ganz, ganz große Dino

Richard Byrne

Lenny sortierte gerade bunte Bonbons,
um sie mit seinem Freund zu teilen, als plötzlich …

ein **großer Dinosaurier** vorbeikam.

„Willst du auch eins?“, fragte Lenny.

„Ich will sie alle!“, verlangte der große (und ziemlich unhöfliche) Dinosaurier.

„Oh, aber ich kann dir nicht alle geben“, sagte Lenny, „denn sie gehören meinem Freund, weißt du.“

„Na, dann sag deinem kleinen Freund,
wo immer er auch steckt,
dass ich seine bunten Bonbons will!“

„Er schläft gerade“, entgegnete Lenny.
„Aber er ist ein ganz,
ganz großer Freund.“

„Oh weh,
da hab ich aber ganz, ganz große Angst!“,
sagte der große (und ziemlich vorlaute) Dinosaurier.
„Jeder weiß doch, dass ich der
größte und stärkste
Dinosaurier hier bin!
Warte nur und ...

du wirst schon sehen!“, schnaubte er und rollte einen riesigen

(und ganz schön schweren) Felsbrocken bergauf zu Lenny.

„Da musst du schon was Besseres bieten!", antwortete Lenny mutig.

„Das weiß doch jeder, dass mein Freund Angeber wie dich ganz einfach zum Frühstück verschlingen könnte."

„Pah! Das erfindest du doch“, sagte der große Dinosaurier.

„Aber egal, ich kann auf alle Fälle am tollsten von allen

herumhüpfen!“

„Ach ja?!
Das ist nur
ein winziger Tapser
für meinen Freund“,
sagte Lenny.

„Na, dann will ich doch mal sehen, ob dein angeblicher

Freund irgendetwas sooo **hoch** heben kann!“, prahlte der große Dinosaurier.

„Das macht der locker im Schlaf“, sagte Lenny.

„Das kann ja **gar nicht sein**, dass dein eingebildeter Freund das,

das,

das,

oder das hier besser kann als ich!“

Der große Dinosaurier gab mächtig an.

„Oh doch, das kann er, kann er, kann er wohl!“, sagte Lenny.

Der große Dinosaurier wurde wütend und immer

wütender …

„Ich will

die **Bonbons!“**

„Du kannst schreien, so viel du willst“, sagte Lenny, „mein Freund kann viel lauter schreien.“

„Sag doch mal, du Minisaurier, was kann dein angeblicher Freund eigentlich nicht?“

Lenny überlegte einen Augenblick.

„Na ja, er gruselt sich im Dunkeln. Deshalb würde er nie allein in diese Höhle gehen …“

Und schwups! packte der große Dinosaurier das
Glas mit den bunten Bonbons und rannte in die Höhle.

„SCHNAPP!"

„Glaubst du jetzt endlich, dass mein Freund Angeber wie dich zum Frühstück verschlingen kann?", fragte Lenny.

„Ja!", kam es leise (und ziemlich kleinlaut) von drinnen.

Lenny kicherte. „Keine Angst, er könnte dich verschlingen, aber er tut es nicht!“

„BUNTE BONBONS UND BAUMSPITZEN MAG ICH AM LIEBSTEN!“,

sagte der ganz, ganz große (und ziemlich nette) Dinosaurier.

„Ich werde auch nie mehr so ein **gieriger Angeber sein!**“,

versprach der große Dinosaurier.

„Wer zuerst unten ist, gewinnt die Bonbons!", rief Lenny fröhlich.

Jeder wusste ganz genau, dass der große Dinosaurier am allerbesten **rutschen** konnte.

Aber diesmal ...

freute er sich einfach, mit den anderen zu teilen.

„Eins für ihn,
und eins für dich,
und eins für mich.
Eins für ihn ...“

»und eins für dich ...«

„UND EINS FÜR MICH!"

Für Stella, Ellis, Harley, Archie, Kim, Mia und Ella.
Und ein ganz, ganz großes Dankeschön an Helen und Karen.

Deutsche Übersetzung: Barbara Kreißl

The Really, Really, Really Big Dinosaur was originally published in English in 2012. This edition is published by arrangement with Oxford University Press.

Satz und Repro: Franzis' print & media, München
ISBN 978-3-468-21006-8
13010

www.pingpong-welt.de